CREA CON EL SONIDO

Afirmaciones
que curan y transforman

Elizabeth Clare Prophet

Porcia **Ediciones**
Barcelona   Miami

CREA CON EL SONIDO
Título original:
THE CREATIVE POWER OF SOUND
por Elizabeth Clare Prophet

Copyright © 1998 by SUMMIT PUBLICATIONS, INC.
All rights reserved
63 Summit Way, Gardiner, Montana 59030, U.S.A.
Tel: +1 406-848-9500 - Fax: 406-848-9555
Email: info@SummitUniversityPress.com - Web site: www.SummitUniversityPress.com,
www.SummitUniversity.org y www.TheSummitLighthouse.org.
Todos los derechos reservados. Este libro se publicó originalmente en inglés y se imprimió en
EE.UU. Esta edición española se publica según las condiciones del contrato suscrito por POR-
CIA EDICIONES, S. L. y SUMMIT UNIVERSITY PRESS.

Traducción al español: Leticia Íñiguez
Copyright de la edición en español © 2006 Porcia Ediciones, S.L.
Reservados todos los derechos. Publicado por:

PORCIA EDICIONES, S.L.
C/ Aragón, 621 4º 1ª - Barcelona 08026 (España)
Tel./Fax (34) 93 245 54 76
E-mail: porciaediciones@yahoo.com

2ª edición: julio 2014
ISBN: 978-1500409326

Impreso en EE.UU.
Printed in USA

Índice

Me vinculé a un poder superior

Cuando era adolescente aprendí a conectarme con un poder universal, un poder al que todos nosotros tenemos acceso. En 1957, siendo estudiante de primer curso en la universidad Antioch, en Yellow Springs, Ohio (EE.UU.), tuve la primera de una serie de experiencias sorprendentes con ese poder.

Eran las vacaciones de primavera, y en el último momento me di cuenta de que no quería pasar esos días en mi habitación. Quería regresar a casa de mis padres en Red Bank, Nueva Jersey. Pero no tenía transporte ni dinero para el viaje.

Me fui a dar un paseo y le pedí en voz alta a Dios: «¡Dios, tengo que ir a casa y Tú me tienes que llevar hasta allí!». De regreso, subí corriendo las escaleras de los tres pisos que llevaban hasta mi habitación. La respuesta a mi petición llegó tan rápido que casi me quedo sin respiración, ya que justo al llegar al rellano de la escalera se oyó una voz gritar: «¿Alguien necesita transporte hasta Nueva Jersey?».

«¡Yo!», respondí.

El que gritaba era un empleado de la base de las fuerzas aéreas de Wright-Patterson. ¿Estaba bien aceptar aquel ofrecimiento de un desconocido? Mis compañeras de habitación estaban preocupadas, pero yo sabía que estaría en buenas manos porque él era la respuesta a mi petición.

Hice las maletas y me monté en el auto. Estaba cansada porque llevaba cuatro días con exámenes finales, así que me quedé dormida en el asiento de atrás. Dormí durante casi todo el camino, y el chófer que Dios me había enviado me llevó sana y salva hasta la puerta de mi casa.

Sabía que había descubierto algo: me había vinculado con un poder del universo al pronunciar las palabras. Al hacer una petición directa *en voz alta*, Dios respondió.

Algunos años antes, había leído algo en varios libros de Guy y Edna Ballard, fundadores del movimiento espiritual «YO SOY», acerca de un método de oración llamado «decretar». Los decretos son afirmaciones positivas que usan el nombre de Dios, YO SOY EL QUE YO SOY. Al hacer esas afirmaciones, puedes acceder al poder de tu Yo Superior.

En 1961, asistí a una conferencia de The Summit Lighthouse, en la que conocí a su fundador, Mark Prophet, que más adelante se convertiría en mi instructor y esposo. Mark podía recibir revelaciones inspiradas de seres espirituales que conocemos como maestros ascendidos. (Los maestros ascendidos son los santos y sabios de Oriente y Occidente, como por ejemplo Jesús, Buda, Kuan Yin, San Francisco y la Virgen María). Los maestros le dieron a Mark muchos decretos que luego publicó, a los que añadí otros adicionales en cuanto también yo empecé a recibir revelaciones de los maestros ascendidos.

Los decretos forman parte de un método de oración llamado ciencia de la Palabra hablada, que también incluye canciones, mantras y cantos, así como visualizaciones y técnicas de respiración. He publicado muchos libros y lecciones que enseñan a usar la ciencia de la Palabra hablada, y he recibido infinidad de cartas de personas que la han utilizado con éxito.

El propósito fundamental del uso de la ciencia de la Palabra hablada, como verás, no es hacer que te pasen cosas buenas, como conseguir transporte o un auto nuevo, sino ponerte en contacto con tu Yo Superior y con los maestros ascendidos. Por supuesto, una vez que has logrado ese contacto, puedes recurrir al poder de Dios en tu interior para que te proporcione aquello que necesites en la vida.

Te animo a que experimentes con las técnicas que aparecen en este libro y veas cómo, cuándo y dónde el universo responderá de forma instantánea a tu llamado.

Elizabeth Clare Prophet

Nota: Todos los relatos personales narrados en este libro son veraces. Sin embargo, a petición de algunas personas, se han utilizado nombres ficticios.

Unas afirmaciones poderosas llamadas decretos

Susan, asistente social, utilizó estas afirmaciones para superar su adicción al alcohol, la ansiedad y la depresión. Jay, programador informático, las empleó para guardar la calma ante las burlas de sus compañeros de trabajo, y ha descubierto otros beneficios añadidos. Andrew, cirujano, cree que ayudan a sus pacientes. Estas tres personas se valen de ellas para ponerse en contacto con el Yo Superior.

Esas poderosas afirmaciones se llaman decretos. Vamos a estudiar la ciencia de la Palabra hablada, un método en el que usarás decretos para acceder al poder de Dios en tu interior. Se fundamenta en principios antiguos así como en revelaciones recientes que Mark Prophet y yo hemos recibido. Durante treinta años, personas de todo el mundo han utilizado la ciencia de la Palabra hablada, lo cual les ha reportado sorprendentes resultados que incluso les han cambiado la vida.

Louise experimenta con los decretos

Voy a contarte el caso de Louise. Siendo estudiante de medicina, una amiga le regaló un ejemplar de *La ciencia de la Palabra hablada*. Comenzó a leer el libro cuando vivía en una cabaña en las montañas. Un día, se acurrucó en su cama de agua caliente, que era la única fuente de calor en la casa, y leyó hasta la página en la que había instrucciones concretas sobre cómo decretar.

«Siéntate en una silla cómoda con el respaldo recto», leyó. «Mantén la espalda y la cabeza erguidas, piernas y manos sin cruzar, y los pies sobre el suelo.» «¡Sí, claro!», dijo riéndose. Sonaba a anuncio de dieta de adelgazamiento: haz esto y encontrarás a Dios.

No tenía la menor intención de salir de su cama calentita para poner los pies en el frío suelo. Así que se dijo a sí misma: «Bueno, lo voy a probar. Voy a hacer al menos una de las cosas que me dicen que haga. Diré las palabras».

Louise comenzó a recitar en voz alta el decreto «Adoración a Dios» (pág. 95) e inmediatamente notó una sensación ardiente en el corazón. Se quedó asombrada. En el pasado, sólo había tenido esa sensación en determinadas circunstancias, durante trances meditativos en paseos a caballo o al contemplar la naturaleza. Esa sensación siempre había sido un indicio de que se encontraba cerca de Dios y para llegar a sentir esa intimidad normalmente necesitaba horas. Ahora lo experimentaba sin preparación alguna, mientras permanecía tumbada en la cama.

Ese ardor en el corazón convenció a Louise de que los decretos funcionaban y eran una herramienta para entrar en contacto con el Yo Superior, así como para hallar paz interior. Ahora los utiliza para lograr un sentimiento de intimidad con Dios dondequiera que se encuentre, incluso en medio de un atasco de tráfico: «No sería capaz de encontrar paz aquí en la ciudad si no hubiera aprendido a decretar».

Desde aquella primera experiencia en la casa de la montaña, Louise ha usado los decretos con regularidad. Dice que le han ayudado en todos los ámbitos de su vida, desde sanar el dolor asociado al hecho de tener una madre alcohólica hasta terminar su carrera universitaria, obtener un título de licenciada en derecho e iniciar una carrera profesional.

Siete principios fundamentales de la ciencia de la Palabra hablada

Louise comenzó su experimento con los decretos estudiando los siete principios fundamentales de la ciencia de la Palabra hablada. Una vez que los hayas aprendido, empezarás a experimentar los beneficios que Louise descubrió, de la misma forma que hacen miles de personas que ponen en práctica regularmente la ciencia de la Palabra hablada para conectarse con el poder del Yo Superior.

Éstos son los siete principios:

1. Puedes usar la oración para crear cambios espirituales y materiales en tu vida.

2. La oración hablada es más eficaz que la oración en silencio.

3. Los decretos son la forma más poderosa y eficaz de oración hablada.

4. Cuando utilizas el nombre de Dios, YO SOY EL QUE YO SOY, en tus decretos, accedes a su poder ilimitado.

5. La repetición de los decretos acrecenta sus beneficios.

6. El uso de las visualizaciones intensifica el efecto de tus decretos.

7. Puedes emplear técnicas de respiración para aumentar el poder de tus oraciones y decretos.

Después de leer los siete apartados que siguen, los cuales explican estos principios, estarás listo para el octavo: «Cómo decretar». Si quieres experimentar con la palabra hablada mientras lees, puedes hacer los fíats (decretos breves y enérgicos) que aparecen en cada apartado.

1

Puedes usar la oración para crear cambios espirituales y materiales en tu vida

Los científicos no saben por qué o cómo funciona. Pero un número cada vez mayor de estudios indica algo que la gente ha sabido intuitivamente durante miles de años: la oración funciona. Casi da igual a quién vayan dirigidas las oraciones: el sencillo acto de expresar un deseo hacia un poder superior conlleva resultados.

Un estudio muy conocido que se hizo en el Hospital General de San Francisco reveló que los pacientes con enfermedades coronarias por los que se rezaba se recuperaban mejor que aquéllos por quienes no se rezaba. Los primeros necesitaban menos antibióticos y tenían menos probabilidad de sufrir ciertas complicaciones que aquéllos que no recibían oraciones. Un doctor, refiriéndose a ese estudio dijo: «Tal vez nosotros, los médicos, deberíamos escribir en nuestras recetas "rezar tres veces al día". Si funciona, funciona»[1].

Otro estudio realizado en el Centro Médico Dartmouth-Hitchcock examinaba el efecto de las oraciones de los propios pacientes sobre su recuperación de una operación a corazón abierto. Dicho estudio, que data de 1995, halló que los pacientes que decían obtener consuelo y fortaleza de su fe religiosa, la cual probablemente incluía oraciones, tenían tres veces más probabilidad de sobrevivir en los seis meses después de la operación que aquéllos que no tenían ninguna inclinación religiosa.

Algunas personas se muestran escépticas ante estudios como éstos, por creer que las expectativas de curación de las personas influyen en los resultados. A consecuencia de ello, se han hecho muchos estudios con animales y plantas, en los que se usaron grupos de control por los que no se rezaba. Se ha descubierto que ratones, semillas e incluso hongos y glóbulos rojos de la sangre pueden curarse o pro-

---

1. El Dr. William Nolan es citado en *Healing Words: The Power of Prayer and the Practice of Medicine* (Palabras curativas: El poder de la oración y la práctica de la medicina) de Larry Dossey. HarperSanFrancisco, 1993; pág. 180.

tegerse mediante la oración. (Véase *Healing Words de Larry Dossey*.)

Tales estudios muestran lo poderosa que puede ser la mente e indican que la oración es eficaz. Demuestran un principio que tal vez ya hayas descubierto: puedes usar la oración para crear cambios espirituales y materiales en tu vida. Las afirmaciones llamadas decretos son una forma poderosa de oración. Una vez que te hagas experto en su uso, serás capaz de utilizar ese principio incluso con mayor eficacia.

Fíat

¡QUE LA LUZ SE EXPANDA EN EL CENTRO DE MI CORAZÓN!

Algunos doctores practican algo más que medicina al tratar a sus pacientes

Un ochenta y dos por ciento de los estadouni-
denses creen en el poder curativo de la oración personal, y un sesenta y cuatro por ciento piensan que
los médicos deberían rezar con sus pacientes si éstos
lo solicitaran[2]. Pero muchos doctores no se sienten
cómodos ejerciendo ese papel. No obstante, puede
que sea hora de replantear todo este asunto, si las
experiencias de Andrew, cirujano, y Nancy, anestesista, se aceptan como indicios.

Andrew decreta regularmente hasta dos horas
al día, incluyendo oraciones por sus pacientes. Antes de realizar una operación quirúrgica hace una
sencilla oración, a veces en silencio, a veces en voz
alta (con el consentimiento del paciente). A sus oraciones y decretos les atribuye desde el éxito de las
operaciones hasta el alivio del dolor agudo.

En una ocasión Andrew vio cómo su oración
aliviaba el intenso dolor de riñón de una paciente.
Era una situación grave y no se le había administra-
do ningún sedante a esa mujer. Andrew hizo una

---

2. Estadísticas extraídas de una encuesta a cargo de *Time*/CNN realizada en ju-
nio de 1996 por Yankelovich Partners.

oración escueta a Jesús, a la Virgen María y a los ángeles de curación para que eliminaran su dolor. Sin ninguna medicación, el dolor desapareció.

«Fue realmente impresionante», afirma. «Tan pronto como pronuncié la oración, ella me dijo que el dolor se le había pasado». Resultados como éste le han convencido de seguir manteniendo a sus pacientes en sus decretos y oraciones.

Nancy, anestesista, también descubrió que los decretos y las oraciones dirigidas a los ángeles y a los maestros ascendidos podían influir de manera determinante. Ella mantenía un horario regular de decretos en casa; durante el trabajo hacía oraciones rápidas.

Cuando decretaba por mujeres que estaban sufriendo complicaciones en el parto, con frecuencia se salvaban de pasar por el quirófano. Después de recibir aviso de ir a la sala de partos a fin de administrar anestesia en preparación para una cesárea, Nancy recitaba fíats y oraciones mientras bajaba por las escaleras. «Lo sorprendente era que a menudo, cuando acudía, el parto había avanzado de repente, y llegaba justo a tiempo de ver al bebé naciendo», recuerda. «Las enfermeras sonreían, me miraban y decían "¿sabes qué? parece que finalmente ya no te necesitamos"».

Nancy reza con frecuencia a Kuan Yin, a quien los budistas llaman la Bodisatva de la compasión. Ella cree que Kuan Yin intercedió por la vida de una mujer que casi muere durante lo que debería haber sido una operación rutinaria para extraerle un quiste de ovario.

Cuando el cirujano cortó el aparente quiste, éste comenzó a sangrar con profusión. Resultó no ser un quiste sino una arteria inflamada que alguien había obturado accidentalmente en una intervención anterior. La mujer sufría una hemorragia mortal. Los médicos intentaron todos los procedimientos habituales en casos de emergencia adecuados en estos casos, incluyendo una transfusión de grandes cantidades de fluidos y sangre. Sin embargo, después de cuatro horas, le falló el corazón y no tenía presión sanguínea.

En ese momento, Nancy hizo una oración en silencio. «Kuan Yin, ¡ayúdala!» Al siguiente segundo, el corazón de la paciente comenzó a latir de nuevo y recuperó la presión sanguínea. Se recuperó del todo sin sufrir daños cerebrales.

Aunque las experiencias de Andrew y Nancy no prueban que los decretos funcionen, sí son un indicio de que, tal vez, tanto doctores como pacientes quieran experimentar más con el poder de la palabra hablada.

*En el principio era Brahmán con quien
estaba el Verbo y el Verbo es Brahmán.*

ESCRITURAS SAGRADAS HINDÚES

*En el principio era el Verbo, y el Verbo
era con Dios, y el Verbo era Dios.*

EVANGELIO DE SAN JUAN

2

La oración hablada es más eficaz que la oración en silencio

En el Génesis se describe a un Dios que comenzó el proceso de la creación hablando. Dijo: «Hágase la luz», y el universo echó a andar.

¿Es el sonido tan poderoso? De cierto, el sonido hace algo más que desplazarse por nuestros tímpanos. Sabemos que puede ser una fuerza increíblemente destructiva: una nota aguda puede hacer estallar una copa de cristal, una explosión de sonido puede romper yeso, el disparo de una pistola puede generar una avalancha.

Pero el sonido es también una fuerza constructiva, como están descubriendo médicos y terapeutas cada día. El ultrasonido (ondas de sonidos muy agudos) se está utilizando para todo tipo de circunstancias, desde limpiar heridas hasta diagnosticar tumores o pulverizar piedras del riñón. Algún día incluso puede que se llegue a usar para inyectar medicamentos en el cuerpo, haciendo innecesario el uso de agujas.

En la actualidad hay científicos investigando el impacto del sonido en el cerebro. Cierto tipo de música clásica, como la de Bach, Mozart y Beethoven produce una variedad de efectos positivos, que abarca desde el aumento temporal del coeficiente intelectual, hasta la expansión de la memoria y el aprendizaje acelerado. Algunos terapeutas que emplean métodos alternativos están experimentando con la aplicación de tonos específicos para curar ciertos órganos. Otros investigadores están estudiando el efecto de algunos de los sonidos que podemos producir con las cuerdas vocales, como la oración y el canto.

El sonido, la energía de la creación

Algunas personas cantan porque les relaja o porque quieren curarse. Otras lo hacen para ponerse en contacto con Dios y con el infinito. Pero muchas están descubriendo también que el sonido es la energía que hace que las cosas se manifiesten, que existan. Es la energía capaz de crear. Y si usamos la energía del sonido adecuadamente, podemos crear cambios positivos en todas las áreas de la vida.

Durante siglos, los místicos nos han estado diciendo que el sonido en realidad crea materia. (Un místico es alguien que busca el contacto directo o la unión con Dios). Creen que el mundo es un reflejo de infinitas combinaciones de patrones acústicos. Señalan que todo, desde la estrella más inmensa hasta la más diminuta flor e incluso tú y yo, somos coagulaciones de ondas sonoras.

Tal vez resulte difícil de comprender, con que no digamos ya creer. Pero la ciencia ha proporcionado alguna corroboración a la afirmación de los místicos. A escala cósmica, puede haber pruebas de que el sonido ha dejado huella en las galaxias. Algunos científicos afirman que las galaxias no están dispuestas al azar sino que forman un patrón regular de enjambres. Hoy en día los investigadores proponen que fueron ondas acústicas primordiales lo que ayudó a crear ese patrón de enjambres[3].

A pequeña escala, Hans Jenny, científico suizo, hizo pasar ondas acústicas a través de distintos tipos de sustancias maleables, como arcilla y arena. (Véanse fotografías, pág. 29). Al ver los patrones producidos por esas ondas, alcanzamos a tener una idea de cómo puede tener lugar la creación gracias al sonido.

---

3. Véase: «Sound Waves May Drive Cosmic Structure» («Ondas acústicas pueden causar estructura cósmica»), *Science News [Revista Científica]* 151, 11 de enero de 1997.

Y la canción de los seis cielos fue
no sólo escuchada sino vista.

LA VISIÓN DE ISAÍAS
TEXTO JUDEO-CRISTIANO DEL SIGLO II

En la década de 1960, el científico suizo Hans Jenny demostró el poder creativo del sonido en una serie de experimentos en los que hizo visibles las vibraciones del sonido. Transmitió vibraciones de diferentes frecuencias a una variedad de sustancias, como arena, arcilla y limaduras metálicas. Esas vibraciones crearon patrones que imitaban estructuras de la naturaleza, desde galaxias inmensas hasta diminutas células humanas. Una intensificación del sonido hacía que el polvo, esparcido uniformemente sobre una placa, formara una estructura parecida al iris humano (imagen superior derecha). Una frecuencia diferente hacía que el polvo se organizara en una estructura que dibujaba la forma del flujo del Tai Chi (imagen central derecha). La arena, al vibrar, reflejaba una galaxia en forma de espiral (imagen inferior).

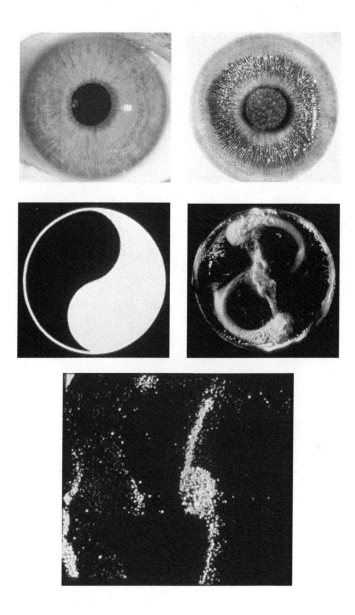

Derecha superior, derecha centro, inferior: Cymatics, I y II, de Hans Jenny ©
1967 y 1974 Basilius Presse AG, Basel, Suiza.

De qué forma los mantras y los cantos aprovechan el sonido

El sonido mediante el cual todas las cosas son creadas no es un sonido cualquiera. Es la palabra de Dios. Místicos hindúes, budistas y judíos creen que esa palabra crea e impregna todo lo que existe. Si creemos a los místicos, la palabra es la fuerza creativa más poderosa del universo.

Y hay una forma en la que podemos aprovechar esa fuerza. Los místicos de Oriente y Occidente se han conectado con el poder de la creación mediante la repetición de mantras hablados y los nombres de Dios.*

Los místicos hindúes y budistas creen que los mantras pueden desatar fuerzas capaces de crear o destruir. Escritos hindúes sostienen que los yoguis han usado mantras, junto con visualizaciones, para encender fuegos, materializar objetos físicos (como alimentos), hacer llover, e incluso influir en el resultado de batallas.

---

* Un mantra es una palabra o combinación de palabras consideradas sagradas. Muchos mantras están compuestos en sánscrito. De acuerdo con la tradición hindú, sabios inspirados por Dios capaces de escuchar los tonos fundamentales del universo recibieron los mantras.

De todos modos, su propósito principal no era efectuar cambios físicos. Creían que los mantras les ayudaban a lograr la iluminación y la unidad con Dios proporcionándoles protección y sabiduría, intensificando su concentración y meditación, y sencillamente impulsándoles de regreso a Dios.

Hindúes y budistas no son los únicos que se han valido del poder de la palabra. Las oraciones se dicen, se cantan y se entonan en iglesias, templos y mezquitas por todo el mundo. Los cristianos rezan el Padrenuestro en voz alta en la iglesia. Los judíos recitan el Shema en las sinagogas. Algunos monjes cristianos entonan sus oraciones. Tal vez esta práctica esté tan extendida porque fieles de muchas religiones reconocen instintivamente la eficacia de la oración hablada.

Shri-Yantra: Un yantra es un diagrama geométrico que se usa en meditación. Este yantra (imagen superior) se ha utilizado durante siglos en Oriente para representar el equivalente visual de un mantra. Ondas acústicas conectadas a un transmisor electrónico reflejan el patrón del yantra (imagen inferior). ¿Ha redescubierto la ciencia lo que los antiguos sabían ya, que el sonido crea materia? *Yantra* de Madhu Khanna, © 1979 Thames and Hudson Ltd., Londres; (imagen inferior) copyright © 2004 Ronald Nameth, reservados todos los derechos; (imagen superior) propiedad de la colección de Ajit Mookerjee, reproducido con permiso.

El poder vigorizante
de los cantos gregorianos

Un grupo de monjes benedictinos descubrió un beneficio inesperado de sus cantos gregorianos: sus cánticos parecían proveer de energía a su cuerpo.

En 1967, Alfred Tomatis, médico francés, psicólogo y especialista en el oído, estudió cómo los cánticos afectaban a los monjes benedictinos. Durante cientos de años habían mantenido un horario riguroso, durmiendo solamente unas pocas horas por la noche y cantando de seis a ocho horas al día. Cuando un nuevo abad cambió el horario y eliminó los períodos dedicados al canto, los monjes se cansaban fácilmente y se volvían letárgicos. Cuanto más dormían, más cansados parecían estar.

Se le pidió a Tomatis que investigara qué era lo que andaba mal. Él creía que el cántico (así como escuchar cierto tipo de música) tenía un propósito especial: estimular el cerebro y el cuerpo. Dijo que los monjes «cantaban para recargarse»[4]. Volvió a reinstaurar los cánticos, junto con un programa en

4. El Dr. Alfred A. Tomatis es citado en Tim Wilson: «Chant: The Healing Power of Voice and Ear» («El canto: El poder curativo de la voz y el oído»), en *Music: Physician for Times to Come (La música: el médico del futuro)*, ed. Don Campbell. Wheaton, IL: Theosophical Publishing House, Quest Books, 1991; pág. 13.

el que escuchaban sonidos estimulantes, y pronto los monjes recuperaron las fuerzas para regresar a su horario normal. Fueran o no conscientes de ello, habían descubierto el poder del sonido, especialmente en lo que se refiere a la oración recitada o cantada.

Fíat

¡ENGRANDECIDO SEA DIOS!

Un ángel le mostró a Carla
por qué debía rezar en voz alta

La primera vez que Carla oyó hablar de los decretos, no podía entender la razón por la cual tenía que recitarlos en voz alta. «Por naturaleza me siento inclinada al silencio y la meditación», señala. «Los decretos me parecían unos versos absurdos».

Un amigo persistentemente la animó a que usara los decretos, así que un día decidió darles otra oportunidad. Hizo una oración en silencio: «Dios, explícame por qué debo hacer esto. Si hay algún valor y acción positiva en los decretos, ¡muéstramelo!». Tan pronto como se puso a recitar el decreto «YO SOY la Llama Violeta» (pág. 91), tuvo la siguiente experiencia en la que un ángel respondió a su oración:

Me sentí elevada a otra esfera de conciencia. Me envolvía una luz blanca rosácea, y por detrás oí una ráfaga de fuerte viento acercándose a gran velocidad. De alguna forma sabía que se trataba de un ángel.

Entonces, me di cuenta de que todavía me encontraba haciendo el decreto. Vi cómo sus palabras se convertían en energía que a su vez formaba una gran esfera de brillante luz blanca justo delante de mi boca. En el momento en que la esfera de energía se formaba, dos bellas manos la tomaban de mi boca y desaparecían con ella a la velocidad de un rayo. Luego, la visión se desvaneció.

Todo esto sucedió en menos de un segundo. La luz a mi alrededor se disipó y regresé flotando de vuelta a mi estado normal de conciencia. No sé quién era el ángel, pero me hizo comprender con una clara imagen lo que sucede cuando hacemos decretos. Desde entonces los he utilizado.

Cercano está el Señor a todos los que le invocan,
a todos los que le invocan de veras.

SALMOS 145:18

Fíat

¡INFALIBLE LUZ DE DIOS,
YO SOY QUIEN INVOCA TU PERFECCIÓN
PARA QUE ENTRE EN ACCIÓN EN MÍ AHORA!

3

Los decretos son la forma más poderosa y eficaz de oración hablada

Puedes añadir decretos a tus oraciones independientemente de cuál sea la religión que practiques. Los decretos son la forma más eficaz y poderosa de utilizar la energía de Dios. Es la clave para tu propia transformación y la del mundo.

Puesto que la oración recitada en voz alta es más eficaz que la silenciosa, deberías hacer tus decretos siempre en voz alta. Si no puedes —si te encuentras en un lugar público, por ejemplo— puedes repetirlos en tu mente. Pero pronto descubrirás gracias a tu experiencia personal el increíble poder que desatarás cuando practiques la ciencia de la Palabra *hablada*.

Lynette, artista de profesión, se lo demostró a sí misma una noche en la que la despertó un intruso en su habitación. Podía ver su silueta en la puerta. ¿Cómo podía hacer que se marchara? Primero le dijo que se fuera. «Mi vecino vendrá si grito», espetó. «No tendrá tiempo», respondió el intruso con tono amenazador.

De pronto, se acordó del Arcángel Miguel y comenzó a recitar el decreto de «protección de viaje», gritando a pleno pulmón. A diferencia de su intento anterior, esta vez hizo que el intruso se fuera, pues el decreto tuvo efecto inmediato. El intruso se dio la vuelta y corrió gritando: «¡Bueno, ya me voy, señora!», desapareciendo por la puerta de atrás.

Éste es el decreto que ella recitó:

¡San Miguel delante,
San Miguel detrás,
San Miguel a la derecha,
San Miguel a la izquierda,
San Miguel arriba,
San Miguel abajo,
San Miguel, San Miguel, dondequiera que voy!

¡YO SOY su Amor protegiendo aquí!
¡YO SOY su Amor protegiendo aquí!
¡YO SOY su Amor protegiendo aquí!

Los decretos pueden ayudarte a conectarte con la energía de tu Yo Superior para lograr los cambios que quieres en tu vida

Una de las razones por las que los decretos son tan poderosos es que constituyen un vínculo directo con tu Yo Superior, quien posee las llaves de la creación. Éste fue el proceso:

Una vez, mucho antes de que nacieras en la Tierra, tu alma estaba unida a tu Yo Superior. Vidas atrás, elegiste vivir separado de Dios; en consecuencia te separaste de tu Yo Superior. Pero dentro de tu corazón todavía arde una chispa divina, tu potencial de unidad con Dios. Y una corriente de energía espiritual, llamada cordón cristalino, conecta tu chispa divina con tu Yo Superior, nutriéndote y manteniéndote.

La ciencia de la Palabra hablada cumple con dos objetivos:

1. Aumenta la corriente de la energía espiritual de Dios que fluye por tu cordón cristalino. De tal forma que puedes usar esta energía para lo que quieras: atraer las cosas que necesites, encontrar el trabajo, la casa y las circunstancias adecuadas en tu vida, curarte a

ti mismo y a tus seres queridos, o solucionar los problemas de tu pueblo o ciudad.

2. Te acerca más a tu Yo Superior.

Para reunirte con tu Yo Superior, recita alguno de los decretos y fíats que aparecen en este libro con amor y devoción. A continuación, espera a la poderosa corriente de luz, vida y amor que regresará a ti. A medida que te vayas aproximando aún más a esa Presencia de Dios, descubrirás que te proporcionará las respuestas, las personas y las circunstancias que necesites para cumplir con tu misión en la vida. ¡Contactar a tu Yo Superior podría ser lo mejor que te sucediera en la vida!

Los decretos ayudaron a Jay a encontrar su propio espacio

Los tabiques que separaban el cubículo donde trabajaba Jay no podían aislarle del ruido, ni tampoco de comentarios groseros. Tan pronto empezaba a escribir en su computadora, sus compañeros hacían comentarios despectivos y ruidos que le distraían. Cuando comenzó a padecer diabetes, incluso le gastaban bromas a causa de su pérdida de peso.

Jay sentía que necesitaba hacer algo para protegerse de esos comentarios aparentemente inofensivos, que le llegaban *adornados* con un golpe de energía negativa. Llevaba practicando kung fu y chi kung (un método chino de control de la energía) desde hacía diez años, por lo que se había vuelto sensible a las corrientes de energía. Sentía que se estaba convirtiendo en un imán que atraía la energía negativa de sus compañeros y sabía que tenía que encontrar una fuente espiritual de protección.

Uno de sus amigos le introdujo en el tema de la ciencia de la Palabra hablada, y Jay comenzó a hacer decretos de protección. Las dos primeras veces que decretó se le pusieron los pelos de punta. Describió esa sensación con estas palabras: «Me estremecí de pies a cabeza». Luego, oyó que una voz interna le decía: «Por fin nos pide que le ayudemos...». Jay sabía que había encontrado lo que estaba buscando.

Comenzó a decretar todos los días, añadiendo decretos a sus ejercicios habituales de kung fu y chi kung. Cuando probó con los decretos de amor, transmutación y protección, notó un beneficio inmediato. Jay afirma que los decretos le han ayudado a «contrarrestar energía negativa» y «a hacer descender luz» de su Yo Superior, así como a «reprogramarse» para que no le afecte la negatividad de sus compañeros. Y con los decretos descubrió que podía tener su propio espacio, incluso hallándose rodeado de sarcasmo y de crítica.

Jay también cree que los decretos le ayudan a mantener su concentración en Dios y le han llevado a tener experiencias espirituales y a entrar en contacto con su Yo Superior y con los maestros ascendidos. Dice que los maestros le han inspirado con visualizaciones y ejercicios espirituales que utiliza junto con los decretos para neutralizar aún más la negatividad de su entorno. Cree que los decretos dieron pie a otro beneficio inesperado: su jefe le asignó una oficina privada. Ahora puede decretar durante los descansos y trabajar en paz.

Fíat

ARCÁNGEL MIGUEL,
¡AYÚDAME! ¡AYÚDAME! ¡AYÚDAME!

4

Cuando utilizas el nombre de Dios,
YO SOY EL QUE YO SOY,
en tus decretos, tienes acceso a Su poder ilimitado

Cuando Dios habló con Moisés desde la zarza que ardía, le reveló su nombre, YO SOY EL QUE YO SOY, y la verdadera naturaleza del hombre. Éxodo nos dice que la zarza «ardía en fuego, y la zarza no se consumía»[5]. La zarza te representa a ti y el fuego simboliza tu chispa divina. Esa chispa es una llama espiritual del fuego de Dios que arde en tu interior, y sin embargo, no te consume, de la misma forma que la zarza no se consumía.

---

5. Éxodo 3:2. Todas las citas de la Biblia corresponden a la versión Reina Valera a menos que se mencione otra edición.

La verdadera naturaleza del hombre que Dios reveló a Moisés es lo que se conoce como la Presencia YO SOY. Se le llama la Presencia «YO SOY» por referirse al nombre de Dios, YO SOY EL QUE YO SOY. La Presencia YO SOY es la presencia individualizada de Dios que Él te dio cuando te creó. (En un sentido amplio, puedes considerar que tu Presencia YO SOY junto con tu Santo Ser Crístico[6] constituyen tu Yo Superior).

En la zarza ardiente, Dios le pidió a Moisés que les dijera a los hijos de Israel que su nombre era YO SOY EL QUE YO SOY y que «éste es mi nombre para siempre; con él se me recordará por todos los siglos». La Biblia de Jerusalén traduce esta frase así: «Este es mi nombre para siempre; *por él seré invocado* de generación en generación»[7]. Como ves, Dios mismo nos autorizó a hacer uso de su nombre para invocarlo.

Jesús utilizó el nombre de Dios cuando hizo las afirmaciones que aparecen en el Evangelio de San

---

6. Los maestros ascendidos enseñan que el Santo Ser Crístico (que se corresponde con Dios/Hijo) es el Cristo universal individualizado para cada uno de nosotros. El Santo Ser Crístico es tu instructor interno, guardián, amigo y defensor ante Dios. La Presencia YO SOY (que se corresponde con Dios/Padre) es la absoluta perfección de tu realidad divina. Es el Espíritu del Dios vivo individualizado para cada cual.

7. Éxodo 3:15 (La cursiva es nuestra).

Juan usando «YO SOY», tales como «YO SOY la resurrección y la vida»[8]. Podemos tomar cualquiera de estas afirmaciones y hacerlas nuestras. Cuando dices «YO SOY EL QUE YO SOY», simplemente estás diciendo «yo mismo, soy aquí donde estoy la Presencia YO SOY de Dios que está encima de mí». Cada vez que dices «YO SOY...», en realidad estás diciendo «Dios en mí es...», y así atraes hacia ti lo que digas a continuación. Por ejemplo, cuando dices «YO SOY iluminación», lo que estás diciendo es que Dios en ti está atrayendo hacia ti más iluminación*.

«YO SOY» es algo más que un nombre sagrado. Es una concesión de poder. Es una fórmula que abre paso a la autoridad de Dios y a Su energía de la creación cuando se usa con amor. Al utilizarla no te estás erigiendo en un dios separado de Dios, sino que estás afirmando tu unidad con Dios. Estás

---

8. Juan 11:25
* El principio de usar «YO SOY EL QUE YO SOY» en la oración lo desarrolló Emma Curtis Hopkins, que fue estudiante de Mary Baker Eddy, fundadora de la Ciencia Cristiana. Más tarde, Hopkins comenzó a enseñar por su cuenta y fundó el popular movimiento religioso llamado «Nuevo Pensamiento». En 1887, comenzó a emplear el término «decreto» para definir afirmaciones positivas precedidas de «YO SOY», tales como «YO SOY íntegro». A principio de la década de 1930, Guy y Edna Ballard fundaron el movimiento religioso «YO SOY», que también usaba decretos. Desde 1958, Mark y Elizabeth Prophet han recibido muchos decretos nuevos de los maestros ascendidos.

diciendo «Dios dentro de mí está recitando este decreto. La energía de Dios fluye a través de mí, obedeciendo la orden que he dado en Su nombre. Y Dios cumple con Su ley mediante el poder de la palabra hablada».

Ahora ya sabes la razón por la que muchos decretos utilizan el nombre de Dios, YO SOY EL QUE YO SOY.

Fíat

¡YO SOY LA RESURRECCIÓN Y LA VIDA!

5

La repetición de los decretos acrecienta sus beneficios

Tanto los decretos como los fíats y los mantras se han concebido para ser repetidos. En Oriente, las personas repiten los mantras una y otra vez, incluso miles de veces al día. Pero en Occidente no estamos acostumbrados a la idea de repetir una oración.

A menudo la gente pregunta: «¿Por qué debería pedirle algo a Dios más de una vez?». La respuesta es que repetir una oración no supone sencillamente hacer una petición una y otra vez. Cada vez que repites una oración, refuerzas el poder de la petición calificándola con más y más de la energía de luz de Dios. También comienzas a entrar en un estado de unidad con Dios.

Los beneficios de la oración repetitiva han quedado demostrados tanto por místicos como por científicos. Los místicos de la Iglesia Ortodoxa Oriental tienen por costumbre repetir la sencilla oración «Señor Jesucristo, Hijo de Dios, ten misericordia de mí» miles de veces al día. A lo largo de los siglos, los monjes que han hecho esto, han dado testimonio de experiencias místicas extraordinarias y de un sentimiento de unidad con Dios.

Algunos monjes medievales afirmaban que tras varias semanas de repetir la oración durante muchas horas al día, entraban en un estado exaltado. Contaban que podían ver una luz poderosa a su alrededor, la cual ellos comparaban con la luz que los discípulos vieron en el rostro y la túnica de Jesús cuando se transfiguró. Un místico describe ese estado como «un calor muy placentero», «una alegre ebullición». Afirmaba existir en un estado que iba más allá del placer y del dolor, experimentando «ligereza y frescura, el placer de estar vivo, insensibilidad a la enfermedad y a los pesares»[9]. Es un estado en el que la carne «es encendida por el Espíritu, para que el hombre en su totalidad se vuelva espiritual»[10].

---

9. Sergio Bolshakoff: *Russian Mystics (Místicos rusos)*. Kalamazoo, Mich.: Cistercian Publications, 1980; págs. 232, 233.

10. *A Discourse on Abba Philimon (Discurso sobre Abba Philimon)*, en *The Philokalia*, compilado por S. Nikodimos del Santo Monte y S. Makarios de Corinto, trad. de g.e.h.. Palmer, Philip Sherrard y Kallistos Ware, 3 volúmenes. Londres: Faber and Faber, 1981; 2:349.

Muchos místicos de Oriente y Occidente que repiten oraciones o entonan mantras se han referido a experiencias similares, al igual que lo han hecho personas que decretan. No obstante, durante siglos, los escépticos despreciaron la oración repetitiva considerándola una superstición sin beneficios mensurables, hasta que un doctor de la facultad de medicina de Harvard documentó efectos físicos beneficiosos como resultado de la oración repetitiva, incluyendo oraciones que los monjes habían estado utilizando durante siglos.

Recitar oraciones una y otra vez puede ser bueno para tu salud

Al principio de la década de 1970, el doctor Herbert Benson, presidente y fundador del Instituto Médico Cuerpo/Mente de la facultad de medicina de Harvard, documentó un fenómeno que él llamó «respuesta de relajación», el cual afirmaba que consistía en lo opuesto al mecanismo del cuerpo conocido como «luchar o darse a la fuga».

Benson basó su experimento en unos mantras en sánscrito. Les pidió a sus pacientes que se sentaran en silencio y repitieran una oración ya fuera mental o verbalmente durante un período de diez a veinte minutos, respirando regularmente y dejando de lado pensamientos intrusos que irrumpieran en la mente.

Benson descubrió que aquéllos que repetían mantras en sánscrito nada más durante diez minutos al día experimentaban cambios fisiológicos tales como un ritmo cardíaco reducido, niveles de estrés más bajos y un metabolismo más lento. La repetición de mantras también reducía la presión sanguínea de las personas que la tenían alta, y en general, disminuía la necesidad de consumo de oxígeno (indicio de que el cuerpo se halla en estado de reposo). Estudios posteriores a cargo de Benson documentaron que la repetición de mantras puede beneficiar al sistema inmunológico, aliviar el insomnio, reducir las visitas al médico, e incluso aumentar la autoestima en estudiantes adolescentes.

Benson y sus colegas también pusieron a prueba otras oraciones, incluida «Señor Jesucristo, ten misericordia de mí», y descubrieron que producían los mismos efectos. Incluso palabras como *uno*, *océano*, *amor* y *paz* trajeron esos mismos resultados. Parece que Benson y sus colegas habían desvelado un principio universal: la oración repetitiva permite a los seres humanos entrar en un estado de relajación.

Repetir oraciones también conlleva beneficios espirituales

Benson documentó efectos físicos por repetir las oraciones, pero ¿qué hay acerca de los beneficios espirituales? Los hindúes y los budistas nos dicen que la repetición permite a la mente concentrarse en Dios. Ello hace que te sea más fácil experimentar la unión con tu Yo Superior. Los monjes ortodoxos orientales hallaron alegría, felicidad y unidad con Dios en la oración repetitiva. Los místicos judíos describen un sentimiento similar después de repetir los nombres de Dios. Lo llaman el momento de la transformación, en el cual entran en el estado más elevado de conciencia que cabe para un ser humano. Con ese objetivo en mente —acceder a un estado superior de conciencia, un estado de unidad con Dios— es que la gente repite sus decretos, cánticos, mantras y oraciones.

Muchas personas que decretan han sentido esa unidad con Dios. Ann, quien ha decretado durante quince años, dice que repetir los decretos la hace sentir unida a Dios: «Llega un momento en que sientes que la Presencia YO SOY está decretando a través de ti, que eres el cáliz y que la Presencia YO SOY se encarga de hacer el trabajo. Estás conectado a Dios; pero no es tu poder sino el de Dios. Te en-

cuentras en sintonía con Dios. Es un estado exaltado diferente a cualquier otro que pudieras obtener
con métodos artificiales».

Encontrarás decretos en el último apartado de
este libro que te permitirán no sólo descubrir el estado conocido como «respuesta de relajación», sino
también sondear las alturas de tu realidad superior.

Repetir decretos te permite «almacenar» energía espiritual

Otro beneficio producto de la repetición de los decretos es que construyes un hábito de energía positiva al que puedes recurrir en situaciones de gran necesidad. Puedes considerarlo una forma de abastecimiento de una reserva. Cuando acumulas ese hábito o reserva, lo tienes disponible en casos de emergencia, ya sea un accidente de automóvil o una situación peligrosa. Si ocurre, puedes acceder a ello haciendo un fíat poderoso.

Davies, ingeniero en electrónica jubilado, comenzó a decretar cuando se afilió al movimiento «YO SOY» en la década de 1930. Tras regresar de una conferencia espiritual en Los Angeles, después de pasar muchas horas decretando, puso en práctica ese principio. Tenía dieciséis años de edad, e iba en un auto con su madre, su hermano y dos amigos. La madre acercó el auto al arcén de la carretera, pero el pavimento era demasiado inestable y no pudo soportar el peso del vehículo. Perdió el control y el auto voló por los aires.

Inmediatamente, Davies pronunció el nombre de Jesús, que había aprendido a recitar como un fíat poderoso para invocar protección: «¡Jesucristo!»

Mientras que otras personas podrían haber dicho esa palabra con un propósito diferente, él la usó como clave de acceso a su reserva de luz. Lo que sucedió a continuación fue que el auto se detuvo en su posición normal. Todos salieron ilesos, aunque el vehículo quedó completamente destrozado.

Davies cree que la respuesta a su fíat fue tan poderosa e inmediata gracias a que abrió la llave de la reserva de luz que había acumulado durante la conferencia. A la edad de setenta y tres años, aún decreta.

Yo soy la luz del mundo

Jesús, en Juan 8:12

Fíat

YO SOY LA LUZ QUE ILUMINA

A CADA HOMBRE QUE VIENE AL MUNDO

6

El uso de visualizaciones intensifica el efecto de los decretos

La palabra *mantra* significa «instrumento de la mente». Lo que pienses mientras decretas o haces mantras es determinante en cuanto a lo poderosos y eficaces que serán los decretos. La persona que se concentra en sus decretos puede lograr más en cinco minutos que aquélla que decreta durante todo el día sin concentración.

La actitud y los pensamientos que tengas mientras decretes son fundamentales. Cuando decretes debes visualizar, es decir, ver una imagen mental. A medida que te vayas familiarizando con los decretos, podrás cerrar los ojos mientras los repites y reforzar tu concentración en esa imagen mental.

Al decretar deberías fijar tu atención principalmente en la Presencia YO SOY, que puedes ver como un sol radiante de luz sobre la cabeza. También te puedes concentrar en la chispa divina que hay en el corazón, imaginándola como una esfera resplandeciente de luz tan brillante como el sol del mediodía. Mientras decretes, visualiza miles de rayos de sol saliendo del corazón como haces de luz dirigidos a curar y consolar a todos los hijos de Dios en la Tierra.

También puedes mirar cualquiera de las siguientes imágenes: tu santo o maestro ascendido favorito, un patrón simétrico de la naturaleza o hecho por el hombre, que represente la perfección de Dios (como una estrella, una galaxia, una flor, una planta o una forma geométrica), un bello paisaje de la naturaleza o una gran obra de arte.

Algunas veces el decreto mismo evoca una imagen mental. «Salutación al Sol» (pág. 85) habla de dar la bienvenida a la luz en tu vida, mente, espíritu y alma. Puedes visualizar la luz descendiendo desde la Presencia YO SOY y fundiéndose alrededor de tu cuerpo, disolviendo con ello tus problemas y precipitando las circunstancias que necesites.

Cuando recitas el decreto «Protección de viaje» (pág. 41), estás invocando al Arcángel Miguel. Al decir: «¡San Miguel delante, San Miguel detrás...», visualiza grandes ángeles azules a tu alrededor. Es muy bueno hacer este decreto mientras conduzcas. Visualiza al Arcángel Miguel y a sus ángeles rodeando a cada vehículo en la carretera. Al decir «YO SOY su Amor protegiendo aquí» puedes ver al Arcángel Miguel protegiendo a todo el mundo en la Tierra.

Durante la sesión de decretos también te puedes concentrar en algo que desees, asegurándote de que solicitas que tu petición se ajuste a las necesidades de tu alma. Si tu atención permanece fija en lo que quieres y el ojo de la mente lo visualiza a su vez, los resultados serán infinitamente más eficaces que si tu mente vaga, estás distraído y tu mirada se mueve al azar por la habitación. Si sucede que te distraes, no te condenes por ello. Opta, en cambio, por reconducir suavemente la mente a su punto de concentración.

Tal vez descubras que añadir visualizaciones a tus decretos puede ayudarte a conectar los mundos espiritual y material, y producir verdadera magia en tu vida.

Fíat

¡QUE LA LUZ SE EXPANDA
EN EL CENTRO DE MI CORAZÓN!

7

Puedes emplear técnicas de respiración para aumentar el poder de tus oraciones y decretos

La respiración y la mente están conectadas. Controlando conscientemente tu respiración, puedes calmar y centrar la mente y, así, acceder a estados superiores de conciencia. La respiración rítmica y lenta que acompaña al canto y a la oración repetitiva puede ser en parte responsable de sus beneficiosos efectos físicos.

Antes de comenzar una sesión de decretos, respira lenta y profundamente. Expulsa todo el aire de los pulmones, y luego inspira lentamente. Eso permite que el Espíritu de Dios entre en tu cuerpo. Tal vez quieras recitar el «Om», o «YO SOY EL QUE YO SOY» despacio y en una sola respiración antes de iniciar la sesión.

Cuando decretes, respira lenta y rítmicamente. No te quedes nunca sin respiración. Intenta respirar más despacio para que puedas decir tantas palabras como puedas en una sola respiración. De esta manera, los pulmones cooperarán con el cerebro y las cuerdas vocales para hacer descender la mayor cantidad de luz de tu Presencia YO SOY.

Fíat

EN EL NOMBRE DE LA LUZ DE DIOS
QUE NUNCA FALLA,
¡YO SOY EL MILAGRO DE DIOS!
¡Y ACEPTO UN MILAGRO HOY!

Los decretos y el programa de los doce pasos

Las drogas, el alcohol y la bulimia arrastraron a Susan por un pedregoso camino. Finalmente, en 1983 tocó fondo y decidió adscribirse a Alcohólicos Anónimos. «Sin beber alcohol me sentía completamente sola», dice. «Sentía que mi vida se encontraba dentro de un agujero negro y que me iba a morir. Y de alguna forma eso me alegraba porque no podía concebir cómo iba a vivir». Tenía miedo y estaba deprimida. «Me sentía tan aterrorizada que apenas podía relacionarme o hablar con nadie», explica.

Comenzó a decretar una vez más. (Pues hacía tres años había comenzado a hacerlo y luego lo había dejado). Consideraba los decretos como un apéndice al programa de doce pasos que estaba siguiendo en Alcohólicos Anónimos. Uno de los objetivos del programa es poner tu confianza en un poder superior. Sintió que los decretos la estaban ayudando a lograr ese objetivo.

Empezó decretando entre dos y dos horas y media cada noche para superar el miedo que se había apoderado de ella una vez eliminó el éxtasis artificial que le generaba el alcohol. «Las horas de la noche eran las peores», recuerda. «Me moría de miedo por cualquier cosa». Pero pronto se dio cuenta de que los decretos «me ayudaban a elevar mi conciencia por encima de la esfera de lo humano».

«Simplemente me quedaba allí decretando; y sentía que formaba parte de la luz», afirma. «Poco a poco, el miedo que me había atormentado fue sustituido por el amor y la seguridad de la Presencia YO SOY». Al reconectarla con la Presencia YO SOY, los decretos la ayudaron a vencer el sentimiento de separación de Dios que la había llevado a caer en la bebida en el pasado.

Descubrió que al entrar en comunión con la Presencia YO SOY era capaz de adquirir un estado de ánimo que describía como «alegría total, amor y capacidad de comprender a los demás». Ello la ayudó a superar heridas por problemas del pasado en sus relaciones. Y también a aceptar uno de los principios del programa de doce pasos: no dependas de otras personas, porque siempre te van a decepcionar. Por el contrario, confía en tu poder superior. «Nadie me va a dar lo que quiero», dice Susan. «Lo que quiero lo puedo conseguir de los maestros ascendidos y de mi Presencia YO SOY. Mi satisfacción proviene de Dios».

Hoy en día, Susan, ya en los cuarenta y tantos años, está felizmente casada, tiene dos hijas pequeñas y una carrera satisfactoria como asistente social. Cree que superó su adicción al alcohol usando el programa de doce pasos y los decretos. Necesitó el enfoque sistemático del programa de doce pasos, pero también la luz que invocaba en sus decretos para salir adelante. Los dos sistemas «se complementan a la perfección», concluye. Los decretos la ayudaron a mantenerse en el programa y a encontrar «verdadera integridad», un sentimiento de unidad con Dios que reemplazó la «falsa integridad» que le daba el alcohol.

Fíat

¡MI PADRE Y YO SOMOS UNO!
¡MI MADRE Y YO SOMOS UNO!

Cómo decretar

Ahora ya estás preparado para comenzar a experimentar con la ciencia de la Palabra hablada. De todos modos, antes de empezar pregúntate qué es lo que quieres conseguir con los decretos.

¿Tienes metas espirituales o materiales? Entre los objetivos espirituales cabría destacar ser más amoroso, acercarte más a tu Yo Superior o superar experiencias dolorosas de la infancia que crean problemas en tus relaciones. Los objetivos prácticos podrían incluir cosas como encontrar un nuevo trabajo, obtener el dinero para terminar tus estudios o hacer nuevos amigos.

También puede que tengas objetivos para otras personas, tu país o el planeta. Quizás quieras que se vayan las pandillas callejeras de tu vecindario, mantener a los conductores bebidos alejados de las carreteras, ayudar a alguien aquejado de una enfermedad o un dolor crónicos, o acabar con el derramamiento de sangre en Oriente Medio.

Antes de comenzar a decretar, haz una lista de tus objetivos, los cuales habrás de poner al día periódicamente.

Objetivos espirituales:

_____

_____

_____

_____

_____

_____

_____

_____

_____

Objetivos prácticos:

_____

_____

_____

_____

_____

_____

_____

_____

_____

Después de hacer una lista con tus metas, ya estás listo para decretar. Puedes recitar decretos en cualquier lugar, incluso mientras haces tus tareas por la casa, das un paseo o conduces. Pero deberías tratar de emplear al menos algo de tiempo cada día para decretar en un lugar silencioso, sin interrupciones, ante un altar que hayas consagrado, ya sea en un espacio cerrado, un rincón de tu habitación o la sala de estar. Puedes encender unas velas en el altar, y poner junto a ellas cristales, flores, fotos de santos, de maestros ascendidos y de las personas por las que estés rezando. Ten la habitación bien iluminada, limpia y ventilada. (Una mala iluminación, polvo, desorden y aire viciado hacen que tus decretos sean menos eficaces al impedir el flujo de energía espiritual.)

Es importante adoptar una postura correcta mientras se decreta. Puedes hacerlo de pie, sentado en una silla o en la postura del loto que usan los hindúes y los budistas. Si te sientas, asegúrate de que tu silla sea cómoda y tenga un respaldo recto. Mantén la espalda y la cabeza derechas. No cruces piernas ni brazos, y mantén los pies sobre el suelo. Una mala postura abre la conciencia a influencias negativas. Cruzarse de piernas o brazos genera un cortocircuito en las energías que deberían fluir a través de ti para bendecir a toda la humanidad.

Mantén la hoja del texto del decreto a la altura de los ojos para que no tengas que inclinarte mientras lo recitas. Puedes incluso sentarte delante de un escritorio o de una mesa para poner la hoja delante de ti, dejando las manos desocupadas. Si ése es el caso, separa las manos y pósalas sobre el regazo con las palmas hacia arriba. El pulgar y el índice pueden tocarse.

A continuación, haz una oración o invocación mencionando dónde quieres dirigir la energía en forma de luz que invoques. Luego, elige un decreto del último apartado de este libro. Recita el decreto con devoción, amor y sentimiento. Comienza lentamente y con un tono de voz normal. Imbuye cada palabra con un amor intenso por Dios, manteniendo en la mente la visualización de tu elección.

Recitar el decreto despacio te permite alcanzar un profundo y sincero sentimiento de comunión con Dios. Al repetir el decreto, puedes aumentar gradualmente tanto la velocidad como el tono. Aunque ir más deprisa no es lo más importante, la aceleración aumentará la capacidad de tus decretos de disolver pensamientos negativos o energías que se te hayan adherido. Deberías aumentar de forma consciente la velocidad de los decretos sólo si sientes la necesidad; el decreto debería acelerarse casi por sí mismo.

Repite el decreto tres o nueve veces para empezar. Cuando lo creas conveniente, puedes comenzar a incrementar las repeticiones. Al recitar un decreto 36, 40, 108 e incluso 144 veces, puedes acceder a un mayor poder creativo del sonido.

A medida que vayas repitiendo un decreto, sentirás que éste adquiere un ritmo natural. El ritmo es uno de los aspectos que le proporciona a un decreto su poder. De la misma forma que un ejército marchando al unísono puede derrumbar un puente, así, el ritmo de los decretos puede crear una fuerza espiritual intensa capaz de acabar con acumulaciones de energía negativa, patrones de hábitos y karma. El ritmo también establece un patrón vibratorio que disemina por todo el planeta la luz que has invocado.

Cómo conseguir lo que necesitas de Dios

Cuando decretes, visualízate recibiendo lo que necesites. Siempre pide que tu Yo Superior ajuste tus peticiones a Dios de acuerdo con lo que sea mejor para tu alma y las almas de aquéllos por los que estés decretando.

Cuando usas la ciencia de la Palabra hablada, estás decretando con la autoridad de Dios, y Él responderá teniendo siempre en cuenta qué es lo mejor para tu alma. No te decepciones si tus peticiones no reciben respuesta de forma inmediata. Puede que tu Yo Superior esté intentando guiarte hacia otra dirección que en definitiva le proporcione a tu alma un mayor crecimiento.

Prepárate para ver resultados, incluso si no acaban siendo los que estabas buscando. Recuerda que Dios dijo: «¡Probadme ahora en esto, [...] si no os abriré las ventanas de los cielos y derramaré sobre vosotros bendición hasta que sobreabunde!»[11].

Incluso si sólo puedes decretar durante unos pocos minutos al día, puede suponer un cambio fundamental en tu perspectiva mental, tu estado físico

---

11. Malaquías 3:10

y en tu relación con Dios. Pon a prueba la ciencia de la Palabra hablada, y comprueba lo que la luz puede hacer por ti, así como lo que tú puedes hacer por un mundo necesitado.

Por cuanto en mí ha puesto su amor,
yo también lo libraré [...].
Me invocará, y yo le responderé.

SALMOS 91: 14, 15

ॐ

Orarás a él, y él te oirá [...].
Determinarás asimismo una cosa,
y te será firme,
y sobre tus caminos resplandecerá luz.

JOB 22: 27, 28

ॐ

Decretos dinámicos

Recita el siguiente preámbulo al comenzar cada sesión de decretos:

En el nombre de mi Presencia YO SOY, invoco a los siete arcángeles y sus legiones de luz. Llamo a

_____

___(menciona nombres de santos y maestros ascendidos)___

_____

para que dirijan su luz, energía y conciencia con el propósito de bendecir a toda la vida y ayudarme a lograr los siguientes objetivos:_____

_____(usa la lista de la pág. 72)_____

_____

Pido a mi Presencia YO SOY que ajuste mis peticiones de acuerdo con lo que sea mejor para mi alma y las almas de aquéllos por quienes estoy rezando.

Tubo de Luz

Instrucciones:

Puedes usar este breve decreto para acercarte más a tu Presencia YO SOY y crear una energía poderosa de protección a tu alrededor. Debes hacer el decreto del tubo de luz al menos tres veces al comienzo de cada sesión de decretos.

Visualización:

Imagina un tubo de energía espiritual de fuego opaco blanco, de nueve pies (tres metros) de diámetro descendiendo a tu alrededor desde tu Presencia YO SOY. Observa cómo el tubo bloquea toda energía negativa dirigida hacia ti. A continuación, ve la llama violeta llenando el tubo, liberándote de tus cargas diarias.

Amada y radiante Presencia YO SOY,
séllame ahora en tu tubo de Luz
de llama de Maestro Ascendido
ahora invocada en el nombre de Dios.
Que mantenga libre mi templo aquí
de toda discordia enviada a mí.

YO SOY quien invoca el Fuego Violeta,
para que arda y transmute todo deseo,
persistiendo en nombre de la libertad,
hasta que yo me una a la Llama Violeta.

Salutación al Sol

Instrucciones:

El siguiente decreto poderoso puede ayudarte a unirte a tu Presencia YO SOY. Repítelo lentamente al principio, luego más rápidamente a medida que te vayas aprendiendo las palabras. En algún momento alcanzarás un estado en el que tu mente será una con la oración y continuará repitiéndola, incluso cuando los labios se hayan detenido y estés ocupado una vez más con tus quehaceres diarios. Descubrirás que al hacerlo cada día, manifestarás externamente la divinidad que eres por dentro.

Visualización:

Imagina energía espiritual (luz) descendiendo desde la Presencia YO SOY hasta tu cuerpo, corazón, mente y alma. Ve cómo se expande desde el corazón hasta crear un gran ovoide de luz que se extiende tres pies (un metro) desde tu cuerpo en todas direcciones.

Oh poderosa Presencia de Dios, YO SOY,
dentro y detrás del Sol:
acojo tu Luz,
que inunda toda la Tierra,
en mi vida, en mi mente,
en mi espíritu, en mi alma.
¡Irradia y destella tu Luz!
¡Rompe las cadenas de oscuridad y
    superstición!
¡Satúrame con la gran claridad
de tu radiación de fuego blanco!
¡YO SOY tu hijo, y cada día me convertiré más
    en tu manifestación!

YO SOY *Luz*

Instrucciones:

Este decreto ayuda a disolver la energía negativa que se te haya adherido, la cual puede provenir de críticas, depresión o ira (tuya o de otros) así como de fatiga o ruido excesivo y de contaminación medioambiental.

Visualización:

Visualiza la luz en el corazón como un sol radiante que se expande para consumir todas tus cargas. Observa tu cordón cristalino expandirse mientras tu Presencia YO SOY te inunda de energía espiritual. Luego, visualiza la luz fluyendo de ti para ayudar a todas las personas con que te encuentres.

YO SOY Luz, candente Luz,
Luz radiante, Luz intensificada.
Dios consume mis tinieblas,
y las transmuta en Luz.

En este día YO SOY un foco del Sol Central.
A través de mí fluye un río cristalino,
una fuente viva de Luz
que jamás podrá ser calificada ·
por pensamientos y sentimientos humanos.
YO SOY una avanzada de lo Divino.
Las tinieblas que me han usado son consumidas
por el poderoso río de Luz que YO SOY.

YO SOY, YO SOY, YO SOY, Luz;
yo vivo, yo vivo, yo vivo en la Luz.
YO SOY la máxima dimensión de la Luz;
YO SOY la más pura intención de la Luz.
YO SOY Luz, Luz, Luz
inundando el mundo dondequiera que voy,
bendiciendo, fortaleciendo y transmitiendo
el designio del reino del cielo.

Presencia YO SOY, *tú eres Maestro*

Instrucciones:

Este decreto es especialmente útil para protegerse. Recítalo nueve veces cada mañana. Puede ayudarte a escudarte de energía negativa y agresiva. A medida que haces este decreto, podrás sentirte más unido a tu Presencia YO SOY.

Visualización:

Ve la luz de tu Presencia YO SOY descendiendo a tu cuerpo y transformándolo en la imagen de Dios. Y observa los rayos de relámpago azul irradiando desde tu Presencia YO SOY. Este relámpago azul es una forma intensa de energía espiritual que disuelve energía negativa cuando entra en contacto con ella.

¡Presencia YO SOY, Tú eres Maestro,
Presencia YO SOY, despeja el camino!
¡Haz que tu Luz y todo tu Poder
tomen posesión aquí ahora!
¡Infunde maestría de la Victoria,
emite el relámpago azul, emite tu sustancia!
¡Que a ésta tu forma descienda,
para que la Perfección y su Gloria
resplandezcan y la Tierra transcienda!

YO SOY *la Llama Violeta*

Instrucciones:

La llama violeta es un regalo muy especial de Dios, un fuego espiritual que puede transformar la energía negativa en positiva. Puede hacerte sentir felicidad y libertad en Dios. Y puedes usarla para enviar perdón a cualquiera que te haya herido alguna vez. Recita este decreto tres, doce veces o en múltiplos de tres, aumentando el número de repeticiones en cuanto lo memorices.

Visualización:

La llama violeta se extiende en una gama de colores desde el lila pálido hasta el color amatista oscuro pasando por el magenta. Puedes imaginártela actuando como si fuera un borrador gigante de pizarras, que limpia tus sentimientos de dolor, desesperación, sufrimiento y limitación.

YO SOY la Llama Violeta
que actúa en mí ahora
YO SOY la Llama Violeta
sólo ante la Luz me inclino
YO SOY la Llama Violeta
en poderosa Fuerza Cósmica
YO SOY la Luz de Dios
resplandeciendo a toda hora
YO SOY la Llama Violeta
brillando como un sol
YO SOY el poder sagrado de Dios
liberando a cada uno.

¡Relámpago azul es tu amor!

Instrucciones:

Antes de recitar este decreto, haz una oración al Arcángel Miguel y sus legiones de ángeles para que pongan su energía protectora a tu alrededor a lo largo del día.

Visualización:

La energía de la protección es azul. La mayoría de las veces el Arcángel Miguel y sus ángeles aparecen vestidos con una armadura de llama azul y rodeados de una intensa luz azul y blanca que se parece a un rayo. Puedes visualizarte vestido con esta armadura de luz rodeándote mientras haces el decreto. Mantén esta imagen a lo largo del día para protegerte tanto de peligros físicos como de energías perjudiciales.

Relámpago azul es tu Amor,
que fluye por mi corazón;
relámpago azul es tu Poder,
que toma control de mi ser;
relámpago azul es tu Mente,
emana Verdad de tu Fuente.

Luz vencerá,
Luz nos unirá,
Luz del sol de fuego azul,
¡ordena que seamos libres ya!

Relámpago azul es tu Ley,
Santo temor resplandece;
relámpago azul es tu Nombre,
mi sagrado altar enciende;
relámpago azul que libera,
con Dios mi alma permanece.

Luz vencerá,
Luz nos unirá,
Luz del sol de fuego azul,
¡ordena que seamos libres ya!

Adoración a Dios

Instrucciones:

Puedes utilizar este decreto para sentirte más cerca de tu Yo Superior. Hacerlo una o tres veces al día puede ayudarte a sentir paz con Dios y tus seres queridos.

Visualización:

Visualízate ascendiendo hacia la Presencia YO SOY. Siente la dicha de Dios mientras te encuentras rodeado de una bella luz rosa difuminada. Observa cómo la luz penetra en cada célula de tu cuerpo. Mientras eres transformado, partícula a partícula, siente tu unidad con Dios y con toda la creación.

Amada Poderosa Presencia YO SOY,
Vida, Tú que haces latir mi corazón,
ven ahora y toma potestad,
haz de mí una parte de tu Vida.
Rige con supremacía y vive por siempre
en la Llama que arde en mi interior;
no permitas que me separe de Ti nunca.
Que comience ahora nuestra reunión.

Todos los días se suceden en orden
desde la corriente de tu Poder,
que fluye como un río,
y crece como una torre.
YO SOY fiel a tu rayo de Amor
que emite Luz como un sol;
estoy agradecido por tu justo proceder
y tus preciadas palabras: «Bien hecho».

¡YO SOY, YO SOY, YO SOY el que Te adora! (3 veces)
¡Oh Dios, eres magnífico! (9 veces)
¡YO SOY, YO SOY, YO SOY el que Te adora! (3 veces)

Avanzando hacia la Perfección
YO SOY elevado por la gracia del Amor
hacia tu centro de Dirección;
¡al fin veo tu rostro!

Imagen de inmortal Poder, Sabiduría, Amor
y también honor,
inunda ahora mi ser de Gloria,
¡que mis ojos sólo te vean a ti!

¡Oh Dios, eres magnífico! (3 veces)
¡YO SOY, YO SOY, YO SOY el que Te adora! (9 veces)
¡Oh Dios, eres magnífico! (3 veces)

¡Mi amado YO SOY! ¡Amado YO SOY!
   ¡Amado YO SOY!

¡La luz de Dios nunca falla!

Instrucciones:

Este fíat es tan fácil de recordar que lo puedes usar en cualquier situación. Si te encuentras en medio de un atasco de tráfico, a punto de entrar en una reunión difícil, o frente a una oleada de energía negativa proveniente de otras personas, sencillamente di lo siguiente, en silencio o en voz alta, y observa cómo la luz de Dios entra en acción.

> ¡La luz de Dios nunca falla!
> ¡La luz de Dios nunca falla!
> ¡La luz de Dios nunca falla!
> ¡Y la amada poderosa Presencia YO SOY es esa luz!

YO SOY *la unidad de la vida*

Instrucciones:

Emplea este decreto para sentirte amado, satisfecho y conectado con Dios. Al recitarlo, intenta recordar el sentimiento de tu unidad original con Dios, y sabe que puedes conservar ese sentimiento para siempre, simplemente poniéndote en contacto con tu Presencia YO SOY.

Visualización:

Este decreto también evoca una visualización rosa. El rosa representa el amor de Dios, que nos envuelve, consuela y protege. Obsérvate rodeado de una luz suave del color de los pétalos de rosa. Imagínate que eres elevado hasta el nivel de tu Presencia YO SOY. Visualízate unido una vez más a Dios.

YO SOY la integridad del círculo del infinito.

YO SOY el cumplimiento del deseo de integridad.

YO SOY el regreso al estado de unidad con Dios.

YO SOY la contemplación de la unidad de la vida.

YO SOY quien entra en la unidad de la vida.

YO SOY quien experimenta la unidad de la vida.

YO SOY la unidad de la vida.

YO SOY quien está en el centro de una rosa.

YO SOY el fuego llameante de esa unidad.

YO SOY quien está en el centro
    de la conciencia de Dios.

    YO SOY la explosión de las energías del corazón
    inundando al cosmos, llenando todo el espacio,
    convirtiéndose en parte de todo el tiempo,

y así, no puedo permanecer separado, apartado, solo.

YO SOY la llama única.

YO SOY la llama única de la vida ardiendo
    en el altar del ser.

YO SOY la unidad de la vida.

YO SOY la unidad de la vida.

YO SOY la unidad de la vida.

Elizabeth Clare Prophet es una autora de renombre internacional y pionera en espiritualidad práctica. Entre sus libros más conocidos se encuentran la popular serie sobre espiritualidad práctica, que incluye *Cómo trabajar con los ángeles*, *Arcángel Miguel, ayúdame*, *Llamas gemelas y almas compañeras* y *Disuelve tus problemas*. Se encuentra disponible una amplia selección de sus títulos en un total de 32 idiomas.

Summit University Press continúa publicando las obras inéditas de Mark L. Prophet y Elizabeth Clare Prophet.

Para pedidos y
envíos de libros a domicilio

Porcia Ediciones, S.L.
C/ Aragón, 621 4º 1ª
08026 Barcelona (España)
Tel./ Fax (34) 93 245 54 76

o:

Porcia Publishing Corp.
P. O. Box 831345
Miami, FL 33283 (USA)
Pedidos *Toll-Free*: 1 (866) 828-8972
Tel. (1) 305 364-0035
Fax (1) 786 573-0000

E-mail: **porciaediciones@yahoo.com**
www.porciaediciones.com

Made in the USA
Middletown, DE
08 October 2023